Emmy Grawehr-Fankhauser

Alles zur Freud

Fröhlichi Biträg
für alli Glägeheite, au Familiefäscht,
Geburtstag und Hochzitsjubiläe

NEPTUN VERLAG

Einbandgestaltung und Federzeichnungen:
Victor Leugger
Gesamtherstellung:
Thurgauer Tagblatt AG, Weinfelden

2. Auflage

© MCMLXXXV by Neptun Verlag Kreuzlingen

Alle Rechte vorbehalten.
Nachdruck, auch auszugsweise, nur mit
Einwilligung des Verlages

ISBN 3-85820-037-9

Inhalt

- 4 Was machts denn us?
- 7 Du weisch nid was hesch, wenn nüt hesch ...
- 9 Und däm seit me s Läbe
- 12 Isch do viellicht en Parkplatz frei?
- 15 Thurgau–Bärn
- 18 D Mode isch e Diktatorin
- 21 Es schlaus Chnechtli
- 22 De Schnäggesaft
- 23 Es isch en Spruch sit alter Zyt ...
- 24 I bi jetz pensioniert
- 26 Wie maches d Seniore?
- 27 De Rägeschirm
- 29 Im Hotel zum fröhliche Papagei
- 32 Hochzeitssprüche für 6 Kinder
- 35 Winkelwil gäg Sandishuse
- 39 Zum goldige Hochzit
- 40 Goldigs Hochzit
- 41 Ihr fyred goldigs Hochzit hüt ...
- 42 Hüt sind ihr Liebe 50 Johr binenand ...
- 43 Diamanteni Hochzit
- 44 Zum diamantige Hochzit
- 46 Füfzg Johr alt isch min Papi ...
- 47 Em Grosspapi zum 60. Geburtstag
- 49 Em Götti zum 60. Geburtstag
- 50 Em Grosspapi zum 65. Geburtstag und zur Pensionierig
- 52 Familietagig zu Grossmuetters 60. Geburtstag
- 54 Grad siebezgi isch d Oma hüt ...
- 55 Es Mitglied vom Jassklub wird achtzgi
- 56 Zu Grossvaters 80. Geburtstag
- 58 Der Omi zum 80. Geburtstag

Für die Chlinschte:
- 59 I wünsch zum Geburtstag ...
- 59 Is Gäschtebuech
- 60 Em Pape zum 85. Geburtstag
- 62 Zum 90. Geburtstag
- 63 De Gaschtgeber en Dank

Was machts denn us?

Was ischs denn au, was machts denn us,
worum sind d Bursche ganz konfus?
Sie luege alli Meiteli a
und jede möchti gärn eis ha!
Frogsch du: «Was gfallt dir au eso»,
chasch ganz verschiedeni Bricht übercho.
Es het do en jede es anders Ideal,
der eint hets gärn breit, und der ander möchts schmal.

Der eint seit, sie heb halt es Grüebli am Kinn
der zweit findt, sie heb so en heitere Sinn.
Der dritt seit, s i n Schwarm heb so rassigi Bei
und em andere gfallts, dass s i e superblond sei.

Der Otti, dä möcht halt es Chind mit me Zopf
und em Walti gfallt besser en Bubichopf.
D Frisur macht überhaupt en Huufe us,
der eint häts gärn glatt und der ander möchts krus.

S i n Stärn, seit der Peter, dä tanzi so flott,
s chöm nid grad eini häre, potz sapperlott!
Sie hebi es Taktgfühl – me müessi nu stuune,
und denn – ebe – die härzige Äugli, die bruune.

Und das rote Müüli vo miner Marie,
fallt de Fritz mit Enthusiasmus i;
er chund grad is schwärme: «Vo ihre en Kuss,
das sigi denn s höchschte a Hochgenuss!»

De Ruedi seit: «S Schönschte a-ne-re Frau
sigs denn, wenn ihri Äugli ganz blau.
Das sig wie s Blüemli Vergissmeinnicht,
do drüber gäbtis grad s schönschte Gedicht.»

Der Alois dä lueget hauptsächlich uf d Form,
«wie meh wie lieber» isch sini Norm.
Und em Bruno däm seit halt s Lache viel
und er lueget *au* fescht ufs Mienespiel;
bime Chind wo cha lache, isch sini Devise
do fühlsch die fascht wie im Paradiese!

Jetz aber froged ihr sicher no a
was gfallt denn de Meiteli a me ne Maa?
Di meischte luege zerscht uf d Statur,
und erscht viel spöter denn uf d Frisur.
No wichtiger isch bi de einte der Bart,
und ob er e aständ'gi Redensart.
Au en Sportler het Pünkt, das isch jo klar,
do bruuchts kein witere Kommentar!
Wenn eine schwimmt und turnt und rennt,
denn passt dä scho is Sortiment,
und fahrt er no Velo und boxt no derzue,
denn stoht er gwüss i de rächte Schueh!

Wird die Sach aber ernscht, und me dänkt a ne Eh'
denn giltet für alles es anders Klischee.
Denn heissts, wie gsehts mit der A-wartschaft us,
und chund sie au us eme rächte Huus?
Isch er ächt clever und tüchtig im Bruef
und het er en guete, en aständ'ge Ruef?
Het er au e bäumigi Position
und dementsprechend en tolle Lohn?
Hützutag ghört natürli es Auto derzue,
het er viellicht keis, so het sie scho gnue.
Und d Hochzitsreis möcht sie nach Miami mache,
der Maa er luegt wieder uf anderi Sache.

Jetz chunds nümm uf d Farb vo de Äugli a,
viel wichtiger ischs: «Ob sie choche cha?
Wäsche und büetze, flicke und bache,
eifach halt alls was e Huusfrau mues mache.»

Schönheitssinn, Ornig und Hüslichkeit
sind Sache wo me de gröschti Wert jetz druf leit.
Uf d Längi – das weiss en gschiede Maa –
gohts der Familie nu guet wenn d Frau huushalte cha.
Wie zu Grossmuetters Zyte ischs hüt no so,
dass d Liebi vom Maa dur de Mage tuet goh!

Oeppe ein leit viel Wert au uf Eleganz.
Mues er präsentiere, verstand i das ganz.
Denn ghört aber e geischtigs Niveau derzue,
es schöns Etui ohne Inhalt – do hät er gli gnue.

Wür me mi froge: «Uf was chunds bim Hürote a?»
Wür i säge: «Uf d Liebi – nur uf d Liebe chunds a,
e Liebi wo glaubt, und hofft und schenkt,
nid zerscht nur a sich – au an Partner dänkt!
Es fröhlichs Härz und en suubere Sinn
do liegt zum Glücklichsy alles drinn inn.
Aber gägesittig mues d Liebi si,
denn isch si zum volle Glück d Garantie!»

Du weisch nid was hesch, wenn nüt hesch ...

Em Köbi sin Nochber zur rechte Hand
dä het es grosses Vermöge binand.
Doch – eines Tages – wie hets chöne gscheh,
isch vom ganze Huufe nümme viel z gseh.
Er het spekuliert, isch um alles cho,
do seit der Köbi: «Es isch halt doch so,
du darfsch es glaube mi liebi Frou,
Gäld isch jo rächt, doch Ärger bringts au,
me erspart sich mängs, i mache e Wett,
me weiss nid was me het, wenn me ebe nüt het!»

Em Köbi sin Nochber, lings näb sim Huus,
dä lueget de ganz Tag zum Fenschter us;
do gseht er nach lings und gseht nach rechts
er gseht viel Guets und gseht viel Schlechts.
Doch regt er sich dummerwys drüber uf,
es raubt ihm de Schlof und es nimmt ihm de Schnuf.
Doch chan er sis Mödeli nid lo si,
immer ziehts ihn wieder zum Fenster hi
und de Köbi sinniert no z Nacht im Bett:
«Me weiss nid was me het, wenn me ebe nüt het!»

Em Köbi sin Schwoger, en nette Maa
dä het vor paar Wuche en Unfall gha.
D Bei het er broche, der Arm no derzue,
das dunkt der Köbi grad ordeli gnue.
Der Arm isch im Gips und d Bei ame Zug,
wieder dänkt der Köbi, es sig e kei Lug,
dä Satz wo er immer säg, stimmi komplett:
«Me weiss nid was me het, wenn me ebe nüt het!»

Em Köbi sin Fründ isch der Alex Frei
däm sini Frou isch nid bsunderbar treu.
Sie schieled nach lings und blinzled nach rechts
und seit, e chli schmuse sig sicher nüt schlechts.
I d Ferie goht sie grad meischtens allei
und isch dört no weniger treu als dihei.
Der Eh'maa lydt drunder, chlagt öppe sis Leid,
woruf denn der Köbi halt prompt wieder seit:
«D Untreui macht würkli das Läbe nid nett,
me weiss nid was me het, wenn me das Laschter nid het!»

Der Heiri, dä chund mit sim Nochber nid us,
es isch wäg em Wägrecht hinder em Huus.
Me chäred und chlöned, und brüelt mitenand,
s git kein zur Versöhnig em andere d Hand.
Me seit nümme grüetzi und guete Tag
und begegnet enander doch immer bim Hag.
Do möcht au i säge, das isch nümme nett:
«Me weiss nid was me het, wenn me ebe nüt het!»

Und chund me denn spöter zur Himmelstüür
Sankt Petrus wohrschienli froge wür:
«Wie stohts mit de Sünde? Uf das chunds jetz a,
je nachdem cha di ine – oder nid ine lah.
Do wäre mir wahrschinli froh allerwege
wenn wir zum Petrus denn dörfte säge,
es stönd mit de Sünde gar nid so bös
und sicher sig er jo au recht generös.
Aber mir merke derbi, es stimmt denn no komplett:
«Me weiss nid was me het, wenn me ebe nüt het!»

Und däm seit me s Läbe

Wenn alles rächt und richtig spurt,
foht s Läbe a bi der Geburt.
Hesch denn no nid en rächte Schnuf
so haut me dir eis hinde druf.

Das willsch du dir nid gfalle loh,
drum schreisch und brüelisch mordio.
Bim erschte Schrei isch alls entzückt:
«Gottlob! Er lebt!» Me isch beglückt!

S erscht was me lehrt isch gwöhnli s Trinke
und öppe mit em Händli winke.
Und s meischt was tuesch isch brüele – lache,
derzue no füechti Windle mache!

Trotz allem het di jede gärn,
es heisst du sigsch en Augeschtärn.
Der Chinderwaage isch bequem,
me findet s Läbe angenehm. –

Doch – wenn denn d Windle troche bliebe,
so chasch du gli i d Hose stiege.
Bald chunsch denn scho in Chindergarte,
die Grosse möges chum erwarte.

Du bisch no nid fescht intressiert,
me wird jo gseh was do passiert!
Wo-woll, de Chindi macht ihm Spass,
denn chund me i die erschti Klass.

Was? Erschti Klass? Und Bänk vo Holz?
Das isch denn nid de gröschti Stolz!
So? Erschti Klass und kein Komfort?
Do goht me lieber wieder fort.

Er stiegt denn witer: Zweiti, dritti,
und bald isch er scho i der Mitti,
und gli mues er jetz öppe wüsse
wo ihn ächt d Muse tüegi küsse.

Gymnasium? Viellicht e Lehr?
Mängsmol druckt die Entscheidig schwär.
S git ebe gar viel Möglichkeite
wo di dur s Läbe chönd begleite.

En Chämifeger? General?
Handlanger oder Kardinal?
Diräkter oder eifach Büetzer?
En Läbenskünschtler, Tierlischützer?

Mit Glück findt er de Mittelwäg,
denn isch er gwüss am beschte zwäg!
Doch chund denn au no s Militär,
so siebezäh Wuche ungefähr!

Die meischte mache das mit Freude,
doch öppe eim tuets au verleide,
trotzdem er weiss, er wird beinah
i dene Wuche grad en Maa. –

Natürli mues bim Militär
au meischtens scho es Schätzli här,
und isch er nachhär im Zivil
so setzt er furt das Liebesspiel!

Goht ein *der* Süessi uf de Grund
so git das gli en neue Bund!
Voll Freud wird jetz d Familie gründet,
womit me sich em Storch verbündet!

Dä flügt bald übers Huus – chlopft a –
und jetz bisch Vater, nid nur Maa.
Mit jedem Chind fühlsch d Juged frisch,
das isch einesteils schön, doch au trügerisch.
Me isch nid nur do um jugendlich z strahle,
jetz isch me de Vater, und dä mues jo zahle!
Also leisch di an Lade! Mit Schaffendsdrang
luegsch für dä wichtig – so nötigi Klang.

Und will du dir Müeh gisch, so glingts dir au guet,
was sich anderwitig denn uszahle tuet.
Du wirdsch befördertet, stiegsch uf im Rang
und das bringt dis Läbe in volle Gang.

D Chind wärde gross, du wirdsch Grosspapa,
das sig en Ehr, hani mir säge lah!
I allne Sparte kennsch di jetz us,
hesch Frou und Chinder, hesch es Huus.

Machsch Reise, wit gäg Oscht und Wescht,
bsuechsch do en Kongress und dört es Fescht,
im Bruef bisch tüchtig und erfahre –
– doch – plötzlich lotteret der Chaare!

Du dänksch nid dra, gohts scho as sterbe,
du machsch d Familie jetz zu Erbe.
Und das isch s Läbe! Ir Schöpfigsgschicht
gits drüber chum de chlinschti Bricht. –

Und trotzdem sägi in höchschte Tön
es so es Läbe – s isch halt doch schön!

Isch do viellicht en Parkplatz frei?

Scho wenn der Mönsch gebore wird,
und also grad is Läbe tritt,
so wärs gwüss fascht am wichtigschte
er brächti grad en Parkplatz mit.

Der Platz isch hüt enorm beschränkt,
drum wäris kei Ufschniderei,
wenn er als erschtes froge wür:
«Isch do viellicht en Parkplatz frei?»

Natürli, d Eltere rutsche zäme,
drum findet er sin guete Platz;
und wirds au eng und immer enger,
seit d Muetter doch: «Er sig en Schatz!»

Drum wird er grösser und gedeiht,
er chund i d Schuel und goht i d Lehr,
und do mues denn, das isch doch klar
zum mindeschte es Töffli her.

Wird also hüt es Schuelhuus baut,
so isch di erschti Frog gwüss die:
«Isch ächt der Parkplatz au gross gnue?»
D Schuelzimmer dörfe chlyner si!

Isch d Schuel verbi, suecht er e Stell,
«Isch do viellicht en Parkplatz frei?»
Und wenn die Sach in Ornig isch,
so bliebt er e paar Jöhrli dei.

Er mues jo schliessli au verdiene
denn – Auto fahre – das isch tüür!
Es bruucht nid nur Benzin und Öl,
es bruucht d Versicherig und d Stüür!

Er gseht es Meitli wo ihm gfallt,
«isch do viellicht en Parkplatz frei?»
«Nei», heissts, «es isch do alles bsetzt»,
drum goht er truurig wieder hei.

Doch will er nid elleige bliebe,
er het im Auto no en Platz,
und drum suecht er vo ganzem Härze
en nette Chäfer – so en Schatz!

Bald gseht er au en neue Stärn.
«Säg Chind, wie wäris mit üs zwei?
Mir würs jetz ebe ordli passe,
säg, isch bi dir der Parkplatz frei?»

Und dasmol frogt er nid vergäbe,
will s Härz und s Auto angenehm,
will d Liebi au im wachse isch
so bringt das alles kei Problem.

Me fyred Hochzit wie sichs ghört,
me ladt die ganz Verwandtschaft i,
und doch wär i der grosse Chile
no Platz für s halbe Städtli gsi!

Am Parkplatz aber, do wirds eng,
en jede het der Wage mit,
und jede het der gliche Wunsch,
en freie Parkplatz wär sie Bitt. –

Der Dölfi isch au Hochzitsgascht
fahrt elegant in Parkplatz i,
doch het er grossi Auge gmacht,
kei Lücke isch me offe gsi!

Er fahrt drum retour, zrugg i d Stross
natürli – d Ample stoht uf Rot –
und nachher chund er i-n-en Stau
und het so wieder sini Not.

Denn aber chunds ihm plötzli z Sinn
zwei Strosse witer hebs en Platz,
dört chönn er ihn denn sicher parke
sin komfortable Undersatz.

Doch gälled, wenns mues muffig goh,
so isch halt eifach alls für d Katz,
wie er sich astrengt, wie er luegt,
er findt au do kein freie Platz!

Bis er denn ändli öppis findt,
im Laufschritt gäg der Chile goht,
do isch halt d Trauig grad verbi,
der Dölfi isch für dasmol z spot. –

Drum dänk i – chönd ihr gwüss verstoh
mi usergwöhnlich tüüfi Bitt
es bring am beschte bir Geburt
en jede grad de Parkplatz mit!

Isch *do* viellicht en Parkplatz frei?

Thurgau – Bärn

Wenn en Bärner im Fall
e Thurgaueri tuet wybe,
so gits ganz Verschiedenes
wo sie nid glich tüend schriebe.

Git er ihre es Müntschi,
git sie ihm en Kuss,
doch isch natürli beides
en richtige Gnuss.

Seit er: «Hocked häre»,
seit sie: «Sitzed ab».
Bim Bärner gohts langsam
und bi ihre im Trab.

Im Bärnbiet goht me z Chöut
und gfenschterlet wird au,
im Thurgi gönds z Liecht,
suechet so ihri Frou.

Er nimmt sie a ne Arfel,
und sie ihn in Arm,
bärguf wirds ihm gnietig
und ihre machts warm!

Er liegt underem Duvet
und schnarcht no derzue,
sie hätt under der Bettdecki
gärn ihri Rueh.

Er seit Müeti, sie Muetter,
er Anke, sie Butter.
Er seit Scheiche, sie Bei,
er: deheime, sie dihei.

Er seit Gring und sie Chopf,
er Züpfe, sie Zopf.
Er Nidle, sie Rahm,
er Hochziter und sie seit Brütigam!

Er seit gleitig, sie gschwind,
er seit Luft und sie Wind.
Er fahrt hübscheli, sie manierli,
er seit Muni, sie Stierli.

Er seit Schöum und sie Dieb,
er seit gärn ha, sie lieb.
er het es Gebsi, sie e Gelte,
doch me bruucht sie hüt sälte.

Er: praschauere – sie z viel verzelle,
er es Gäzi, sie e Chelle.
Er tuet schwofe, sie möcht tanze,
er tuet setze, sie tuet pflanze.

Er het de Rühme und sie der Katharr
er seit es sig Horner, sie Februar.
Er tuet leue, sie ruebe,
er het Giele – sie het Buebe.

Er rüeft Moudi, sie Kater,
er rüeft em Aeti und sie seit de Vater.
Er Siebechätzer, sie Schlaumeier,
er Stierenauge, sie Spiegeleier!

Er seit de Glugsi, sie seit Schluckuf,
ihm gohts ums A-seh und für sie um de Ruef.
Ihm passts is Gürbi und ihre in Chrom,
er seit er göi südlich und sie goht uf Rom.

Er macht en Trümu, sie luegt uzfriede dri,
er töipelet, sie trotzt, aber zfriede sinds gli!
Er seit Taupe und sie seit Tatze,
er tuet chraue und sie tuet chratze.

Johrmäred er und Johrmarkt sie,
er seit schyne, sie seit Schy.
Er seit Stäcke, sie seit Stock,
er Gloschli und sie Underrock!

Aber gälled, trotz verschiedene Wort,
stimme zwei zäme gits doch en Akkord;
und e Eh zwüsche Thurgau und Bärn,
hend beidi enander rächt gärn,
enander rächt lieb wie sichs ghört,
so gits nüt wo die Einigkeit stört.

Will der Bärner treu isch
und beständig,
sie bringt Humor mit,
isch brav und verständig,
drum liegt meischtens
en glückliche Stärn
uf der Eh
zwüsche Thurgau und Bärn!

(Zu däm Gedicht het mi de Hans Flügel,
Mundartdichter z Singe inspiriert!)

D Mode isch e Diktatorin

Gäll, d Mode isch e Diktatorin,
es git kein andere Diktator
däm d Frouewält so gärn tuet folge,
im Gägeteil – mir chunds so vor
uf jedi neui Vorschrift plang me
im Wechsel vo der Johreszyt,
halt ebe – will me denn en Grund het
dass s öppis Neus a zlegge git.
Und d Mode die het s gröscht Vergnüege
vo eim Extrem is andere z falle,
uf die Art trifft sie bombesicher
im Wechsel denn der Gschmack vo alle!

Bin Schueh am Bode fohts scho a,
bald sind sie breit, bald sind sie schmal;
mängsmol e Sohle und es Riemli,
denn ufe bis zum Chnüü – total! –
Der Absatz tuet au fescht variiere,
bald bleistiftdünn, bald chlobedick,
und immer findt me, das was Mode,
das sig doch jetz ganz bsunders schick!
Bald sind sie schmal dass d Zeche stöhne,
der Absatz höch dass chum chasch stoh,
doch, wenns halt Mode, das isch logisch,
denn chasch du nid drum ume goh!

Au d Strümpf, die mache sälbstverständli
der Mode-Trend im chlyne mit,
wills do in Farbe und Struckture
au immer neui Sache git!

Denn d Kleider! Jo do schöpft üs d Mode
so richtig-rächt im Grosse a.
I fang, so z säge als es Bispiel
jetz grad emol bin Hose an. –
Das Chleidigsschtück isch bi de Dame
sit langer Zyt beliebt und «in»,
und bsunders d Juged fühlt sit langem
sich richtig wohl und glücklich drinn.
S git Röhrlihose eng und schmal
wo du, wenn wottsch, drinn-ine schlüüfe
der Buuch muesch i-zieh und der Hinder,
und Schnuuf liedts würkli au kein tüüfe!
Für ine z cho müends mängsmol fascht
direkt am Bode unde walle
und sötte en Schuehlöffel ha
dass s ine chund! – Mit Wohlgefalle
nimmt aber d Juged die Strapaze,
wills Mode isch, ganz gärn uf sich,
für d Mode z liede findt e keini
das sigi schlimm und lächerlich.

Denn wärde d Hose wieder witer,
bald obe-und bald undedra.
S git Pluderhose für der Obed
grafft fascht wie e Harmonika!
Emol gönds knapp no under s Chnüü,
denn sinds no chürzer, dasch au schöö,
zur Summerzyt am Badeschtrand
do rutscheds immer meh i d Höh!

Au mit de Röck gohts ähnlich zue,
bald sind sie «mini» und bald «maxi»,
und d Frauewält – modebewusst –
sie isch am Ball – und mag si!

Denn spielt der Stoff e grossi Rolle,
bald isch er uni und bald bunt
und mängsmol chunds eim fascht so vor
er sig sogar fascht kunterbunt!
Egal – wenns Mode, findt mes au schöö,
so ischs au mit de Assesoir,
do findt me au usgfallni Sache –
wills Mode – eifach wunderbar!
Doch sind jetz d Kleider pflegeliecht
das wird au richtig eschtemiert,
me chas in Koffer ine drucke
sie wärde gar nid ruiniert.

Hesch früehner über d Mode gredt,
so isch eim vorgschwebt d Eleganz,
ir hütige Zyt mit neue Maasse
do stimmt das sicher au nümm ganz.
Was hüt zellt isch d Bequemlichkeit
und sicher d Originalität,
die hütigi Mode isch i mängem
e richtig glatti Rarität!

Doch, d Hauptsach isch zu allne Zyte
dass d Frauewält drinn glücklich isch
und demzufolg für s ander Gschlecht
ansprechend und verfüehrerisch!

So lönd mir also i der Zuekunft
gärn d Mode Diktatorin si,
mir hoffe nur vo ganzem Härze
es fall ihre no viel Rassigs i!

Es schlaus Chnechtli

Im Underland en Buuremaa
dä het es jüngers Chnechtli gha,
es schaffigs Bürschtli, fit und rank,
er sig verseh, Gott Lob und Dank.

Wo denn paar Wuche ume si
do goht das Chnechtli öppedie
am Obed per Laterne us,
der Buur chund jetz nümm richtig drus.

Er frogt en denn, «Wo gohsch au hi?»
«Is Dorf», seit er, «Zum Schätzeli.»
«Und do mues e Laterne mit?
Das isch au neu, du liebi Zyt!»

«I has scho dänkt, oh jeminee,
wo-n-i d Frou Meischteri ha gseh,
ihr hebed d Lampe nid mitgnoh
wo-n-ihr sie sind go sueche goh!»

De Schnäggesaft

Es isch e Tochter im Spital
als Chrankeschweschter tätig,
het dört e Patientin gha
wo immer e chli grätig.

De ganz Tag möcht sie Pille ha
für säb und au für da,
het sie süscht gar nüt z jommere gwüsst,
het sie de Hueschte gha.

Bitti Schweschter, me mues sicher
dergäge öppis tue,
süscht find i gwüss die ganzi Nacht
hüt wieder e kei Rueh.

Ach was, dänkt d Schweschter, das isch Bluff,
vo Hueschte nid e Spur,
i mues das Fraueli gwüss kuriere
vo sinere Pille-Kur!

Luut seit sie: «Jo, es isch scho rächt,
doch was soll i jetz gäh?
I ha gar nüt als Schnäggesaft
dä wend sie gwüss nid näh?»

Mhm – ja so – als Schnäggesaft?
Wo wird denn dä au gmacht?
He do bi üs – seit d Schweschter ernscht,
mir sueche d Schnägge z Nacht!

«Jowas! Aha! Jaso! – Und denn?
Denn süde mir sie guet
bis dass es fascht wie Sirup isch,
s isch für de Hueschte guet!»

Sie lacht im Gheime, und dänkt scho,
die het de Hueschte nümm!
Doch isch sie sälber denn ganz baff
wo s Fraueli seit: «I nimm!»

Was het sie welle, sie isch gange
und het halt öppis gmischt,
und het das denn als Schnäggesaft
däm Frauli uftischt.

Was gar nid isch z erwarte gsi,
am Morge bhauptet die,
es bessers Mittel als Schnäggesaft
gäbs für de Hueschte nie!

Es isch en Spruch sit alter Zyt ...

Es isch en Spruch sit alter Zyt,
doch stimmt er hüt no gnau,
«lehn weder d Mäihmaschine us,
no s Velo, no di Frou!»

Denn wenn du s tuesch, so chasch druf goh,
s chund nümme glich retour,
wenn nid no meh verdorbe isch,
so fählt beschtimmt d Glasur!

I bi jetz pensioniert

Jo jo, i bi jetz pensioniert,
doch gloubed liebi Lüüt,
sit dass i nümm go schaffe gang
han-i jo fascht kei Zyt!
Am Morge früeh do fohts scho a:
«Gang d Milch go ufe hole
und bis i z Morge koched ha
bring bitti grad no Chole.»
Zur Milch mues i denn au no luege,
dass sie nid use goht,
und nach em Morgenässe heissts,
es sig scho ordli spot,
gang go de Chüngel s Fueter bringe
und tue-ne usemischte,
und lueg denn bi de Hüehner grad
ob s Eier heb ir Chischte.

Uf das hi möcht i Znüni ässe
doch han-i fascht kei Zyt,
will mini ehemalig Bruut
scho neui Ufträg git!
Du mesch no schnäll zum Metzger Suter
und denn i d Molkerei,
i sötti s Fleisch scho übertue,
chum gleitig wieder hei!
I mach mi also flingg uf d Socke
und gang die Sach go poschte,
bim Sternewirt ir Engelgass
sinds ebe grad am Moschte.
I täti gärn e chli probiere,
doch würdi s Fleisch nümm lind,
do gsehnd ihr grad, was d Pensionischte
für plogti Manne sind!

Gang tue mir gschwind! Chumm mach mir säll!
Hol dieses! Bring mir das!
Und mäih mir denn am Nomittag
uf alli Fäll no s Gras!
Gang no go poschte, gang go gaume,
tue d Oepfel zämeläse,
der Platz muesch hüt denn au no wüsche,
duss hets en neue Bääse.

Däm seit me schints der «Gangoclub»
ihr gsehnd, i bi derbi,
nachdäm wie-ni mi uskenn drinn
chönnt i im Vorschtand si!

Denn lüüted d Tochter, ob i morn
tät mit de Chind spaziere,
sie müesi unbedingt zum Coiffeur
Hoor wäsche und frisiere.

So weiss me nie was alles chund,
d Ufträg gönd laufend i!
Wie isch me doch im Büro früehner
so unbehelligt gsi.
Natürli het me müesse schaffe
doch nid bald das, bald säll,
me het ar Arbeit chöne bliebe,
und denn – finanziell
het au no öppis useglueget
hüt tueschs um Gotteslohn
drum pfif i öppe mängsmol bald
uf mini Pension!

Grad z leid mach i für hüt au Schluss
und gang i d Engelgass!
Ganz sicher gits bim Wirt im Stärne
jetz no en flotte Jass!

Wie maches d Seniore?

Weisch du wie d Seniore
d Pension gnüsse tüend,
(frogt der Xaver der Köbi)
wenns nümm schaffe müend?

Der Engländer trinkt Whisky
no viel lieber als Tee,
denn chasch du ihn sicher
am Pferderenne gseh.

Der Franzos liebt Burgunder
es feins Gläsli Wy,
denn goht er zur Fründin
und denkt: «Ce la vie!»

Der Dütsch trinkt mit Behage
es grosses, chüels Bier
und goht wieder go chrampfe
is alte Revier.

Der Schwizer nimmt pünktli
sini Härztropfe i,
denn haut ers in «Sterne»
es Jässli mues si!

Dasch guet, seit der Köbi,
mir besserets schier,
i machs jetz abwechsligswies
genau wie die Vier!

De Rägeschirm

Es Dach über'm Chopf, ihr liebe Lüüt,
isch öppis wo eim viel bedüdt,
und wär das Dach au nur us Siide,
bim Räge wär e mänge z friede
wenn er dörft drunder understoh
und müessti nid durs Nasse goh.
Wenn zwei tüend und'rem Schirm spaziere,
so chas natürli scho passiere,
will me do ganz mues zämerücke,
dass das e mängs tuet überbrücke!
Drum isch schints für nes Liebespaar
der Schirm e günschtigs Exemplar!
Me cha sich drunder ganz verstecke,
wäg däm gits niene blaui Fläcke!
Und tuet au s Wätter no so bruuse,
me cha wäg däm glich drunder schmuuse.
Es Liebespaar isch also froh
wenns öppe will cho rägne cho.

Denn isch der Schirm es Objekt
wo viel vergässe drinne steckt;
er isch nid treu, bliebt vielmol stoh,
und meischtens weisch du gar nid wo!

Laufsch und'rem Schirm, das isch frappant,
heissts gschwind, du sigisch überschpannt.
Es isch jo wohr, es Rägedach
isch ganz e überschpannti Sach!

Chont denn en Sturm und goht der Wind,
denn isch für Maa und Frou und Chind
der Umgang mit em Schirm en Chrampf
und mängsmol grad en rächte Kampf.
Es chert en um, es blost en furt,
und s bruucht jetz grad en guete Spurt
dass du dä Ursrisser verwütschisch
ohni dass neume zämetütschisch!
Hesch du en Schirm und s chund kei Räge
so macht das Dach di ganz verläge.
Schlüsst aber der Petrus s Wendrohr a,
bish *ohne* no viel dümmer dra!

Im Hotel zum fröhliche Papagei

(Lustigen Witzen nacherzählt)

Im Hotel zum fröhliche Papagei
stoht grad bi der Tür näbedra,
dass me Italienisch, Französisch und Englisch
Suaheli und Japanisch cha.
Eines Tages frogt eine de Portier
wer do denn so sprochtüchtig sei?
Nur üseri Gäscht, het dä verschmitzt glacht,
üsi Gäscht chönd so viel allerlei!

E ganz attraktivi Blondine chund a
und frogt: «Isch min Maa ächt scho do?
Der Concierge frogt: «Wie isch doch der Name?»
Seit sie: «Hueber, oder Grueber, oder so!»

*

I de Zimmer im fröhliche Papagei
stoht klar und für vieli ungschliffe:
«Im Priis für s Zimmer, liebi Gäscht
ischs s Zimmermeitli denn nid inbegriffe!»

*

Am Obed spot chund en Maa vom Land:
«Hend sie für mi no es Bett?»
«Jawohl», seit de Concierge, «zu 110 Franke
mit Morgeässe complett.»
Do seit denn dä Gascht und wird rot derbi:
«I möchts doch nid chaufe, das Bett,
i möcht nur e Nacht lang pfuse drinn
möglichscht ruehig, ugstört und nett!»

*

Hinder de Tapete hebs Wanze – e Sauerei –
schimpft en Gascht nach schlofloser Nacht,
es so es Hotel sig nid zuemuetbar,
ghöri gschlosse – jo, sofort zuegmacht!
Es nähm ihn bim Gugger jetz scho no Wunder
tuet de Patron ganz ufgregt do flueche
was ihm ifall – und wieso er do derzue chömm,
was er hinder de Tapete heb z sueche?

En Gascht dä möchti id Ferie cho,
doch müesi d Bedingig er stelle,
er hebi en Hund, und s chöm nur in Frog
wenn sie das Tierli au ine loh welle.
«Jo, chömed nur zäme», het s Hotel do bricht,
d Hünd sind bi üs immer willkomm,
vorusgsetzt dass sie erzoge sind
natürli nid bissig und fromm.
Me heb do ganz gueti Erfahrige gmacht,
s Zimmermeitli heb vor ihne Rueh,
d Rasierchlinge wüscheds nid an Lintüecher ab,
putzed nid mit de Vorhäng no d Schueh!

*

En Gascht will am Morge d Rächnig zahle:
«Wie isch d Zimmernummere gsi?»
«E keini, uf em Billardtisch hani pfuset,
ziemli unbequem, ma cherie!»
Do seit s Bürofräulein und lächlet derzue:
«Aber sicher no ordeli gsund!
D Mieti vom Billard, min liebe Gascht,
isch genau en Fünfliber pro Stund!»

*

Im Büro vom Hotel stoht klipp und klar:
«Die Gäscht wo uf d Bärg ufe tappe,
die solle bitte am Obed vorhär
ihri Hotelrächnig berappe!»

*

Im Hotel zum fröhliche Papagei
isch immer öppis los – Garantie –
drum lad i eu alli zu Spass und Humor
in fröhliche Papagei i!

Hochzeitssprüche für 6 Kinder

(Sketch als Putzmannschaft)

Käthi: (bringt einen Besen mit)
Es Hochzitspaar wo mitenand
en Huusstand gründe tuet,
brucht alles möglichs hützutag
das weiss i würkli guet.

Drum find is ganz en nette Bruuch
das au d Verwandtschaft do
i Form vo me-ne nette Gschänk
eu will entgäge cho.

I minersitz – i ha studiert,
fascht s wichtigscht wos chönn gäh,
das sig e rächte Stubebäse
i jeder junge Eh'.

Denn Suberkeit, das isch jo klar,
isch ganz e wichtigi Sach,
und do dä Bäse dä wüscht guet
au us em tüüfschte Fach.

Will Suberkeit so wichtig isch,
so hend mir usstudiert
mir chöme grad als Putzmannschaft
as Hochzit a-marschiert!

Heiri: (tritt mit Strupper auf)
En Strupper isch grad s wichtigscht Wärkzüüg
mit däm e Frau hantiert,
drum isch sie sicher a sim Bsitz
ganz mächtig intressiert!

Doch was i süscht no will verzelle
das fallt mir grad jetz i,
i wünsche eu en Huufe Glück,
Gsundheit und Sunneschy!

Jakob: (bringt einen Flaumer mit)
Doch au en Flumer mues d Frou ha,
dä nimmt de letschte Staub,
drum bring i so es Instrument
und säge: «Mit Verlaub».

I hoffe d Afra bruuchis lang
i Gsundheit und im Glück.
So viel i gseh isch er recht stark
und gwüss es währschafts Stück!

Heidi: (mit Teppichklopfer und Bürste)
Au i bi ganz für Suuberkeit,
dass' s aber liechter goht,
mues eifach praktischs Werkzüüg här,
ganz handlich und kommod.

Dä Teppichchlopfer und die Bürschte
erfülled scho der Zweck,
do hets ganz sicher i de Teppich
denn nümm de chlynschti Dreck!

Für Spotheimchehrer – mues i säge –
do isch dä Chlopfer gar nid dänkt,
er wird tatsächlich *nur* für d Teppich
und für d Matratze gschänkt!

Balz: (bringt Kehrichtschaufel und Bürste)
E Cherichtschufle und e Bürschte,
das isch jo ganz normal,
ghört sälbschtverständli au derzue,
i bring das jedefall.

Wenn ihr die Sache alli bruuched
wird d Ornig immer tip-top si,
und i-me-ne suuber putzte Heimet
do wird au d Stimmig fröhlich si!

Ruth: (bringt Kleiderbürste)
No öppis gits, wo nid darf fähle,
e Bürschte wo me bruucht fürs Chleid,
e Frou will doch, dass ihres Mannli
mit Glanz derthär chund und mit Schneid.

Und wenn i jetz grad s Wort ergriefe,
so säg i «Danke schön» ufs Bescht,
dass mir hüt au hend dörfe fiere
mit eu a euem schöne Fescht!

Dir liebi Gotte wünsch i bsunders
vo Härze Glück und Sunneschy
und dass du merksch, wie ernscht s mir isch,
so gits es Küssli no für di!

Käthi:
Natürli bstoht der Sinn vom Läbe
nid nur im Wäsche, Fege, Bloche.
E Frou mues no viel anders mache,
s Hei mues sie schmücke und mues choche.

Doch s Allerwichtigscht i der Eh'
isch d Liebi und es schöns Vertraue,
und das mues gägesitig si,
das jedes cha uf s andere baue!

Alli:
Mir sechsi wünsched s Allerbescht
zu euerem neue Bund,
mir wünsche Glück, Frohsinn und Freud
und säge: «Bliebed gsund!»

Winkelwil gäg Sandishuuse

Der Hans goht immer mit sim Schatz
am Sunntig uf de Fuessballplatz.
Er gseht halt gärn, wenn uf em Rase
die zweiezwänzg tüend umerase.
Der Fuessballclub vo Winkelwil
erfreut ihn richtig mit sim Spiel;
die Manne sind halt Erschtligischte
und scharf uf Treffer i der Chischte!

Der Hans, er cha sich sehr begeischt're
wenn Winkelwil der Ball tuet meischt're,
und au sis Brütli, d Hannelor
het Freud a jedem glungne Tor.
Der Mittelstürmer sig es As,
das seit sie öppe nid im Spass,
der Libero sig nid so guet,
dä nähmt am gschiedschte bald de Huet;
hingäge chöms-ere fascht so vor ...
do brüelet näbedra ein «Tor»!

Doch das isch e Falschmeldig gsi,
der Bolle isch bim Tor verbi!
Zwar nume e paar Zentimeter,
das isch denn Pech gsi rüeft der Peter!
En neue A-stoss – doch herrjeh,
scho hets es Foul, en Strofstoss gäh,
die ganzi Sach verlauft im Sand,
der Hans findt, das sig allerhand,
e bitz meh dörft me scho erwarte,
me sig doch nid im Chindergarte!

Der Nochber muulet au, s sig mies,
hend ächt die Brüeder Lym an Füess?
Die zeige hüt e kläglichs Spiel!

Der Schiedsrichter isch au nid viel,
seit eine wos schints wot verschtoh;
wohär hends dä ächt wieder gnoh?
Am gschiedschte schickt me en wo der Pfeffer ...
doch grad jetz gits en schöne Treffer
und d Winkelwiler hend en gmacht!
Von Gegner het jetz kein me glacht.

Doch, s Spiel goht erscht e halbi Stund,
me wird jo gseh was do no chund.
Der Gegner liegt jetz mächtig dri
und bald isch «Unentschiede» gsi!
Die hätte sich doch chöne wehre!

«Sie tüend eu viellicht öppis lehre»,
seit jetz en gegnerische Fän
und lached lischtig uf de Zähn.

Jetz lueg au do, das isch denn gnue,
dä spielt em Gegner grad vor d Schueh,
diräkt vor d Füess, du liebi Zyt,
ne-nei, so öppis goht denn z wit.
Es wär natürli au no wichtig,
dass eine wüsst, i weler Richtig
das s Tor isch wo-n-er druf müesst ziele
bevor me ihn loht Fuessball spiele!

Dasch aber jetz en schöne Zug,
das chönt es Goal gäh! Nei au, lueg
er trippled s isch e wahri Freud,
und «Goal»! Jä gäll, was hani gseit.

En bluetige Laie isch au do,
der Ruedi – und dä frogt: «Wieso
hend so viel Spieler nur *ein* Ball?»
S wär sicher doch en bessere Fall
wenn meh als ein Ball wär zum spicke,
do chönntsch die Manne umeschicke,
und dä wo dört im Gitter stoht
müesst au probiere ob s Laufe no goht.»

«Du bisch en «Däpp – dasch doch de Goali,
dä spielt sozsäge halt es Soli.
Er *mues* sogar bim Chaschte wache,
dass ebe kein es Tor cha mache!»

«Denn isch das goppel nid de Bescht,
grad vorig isch jo es Ei is Näscht.
Mir chunds so vor, die sind nid einig,
s het jede schints e anderi Meinig;
sie sölle zerscht emol abmache
was s mit em Ball am Aend wend mache;
ob ine oder ebe nöd –
wenns keine weiss, das isch doch blöd!

Do rüeft der Fän vo Sandishuuse:
«I glaub do tuet au eine pfuuse!
Dä Schiedsrichter! Isch das e Nuss!»
Do hets doch vor em letschte Schuss
es zünftigs, regelrechts «Foul» gäh
und dä het wieder gar nüt gseh!
Milchmaa gang doch as Telefon
do nützisch nüt – es isch en Hohn!»

«En Freistoss», rüeft der Markus vom Randle,
«do bin-i gspannt, ob er dä cha verwandle.
Ein so go überhölzle, das isch denn z viel»
Um de Fuessballplatz ume wirds müslistill.

D Sandhuuser hend gmuuret, de Goali dä passt,
aber s Tor hends richtig glich no gfasst.

Drei zu zwei ischs am Aend gsi für Winkelwil,
sie hend jo würkli meh gha vom Spiel.
Drum gönd denn schlussändli der Hans und sin Schatz
no rächt befriedigt vom Fuessballplatz.

Der Ruedi aber cha no nid begriefe,
dass zweiezwanzg Manne und ein mit der Pfife
eme einzige Ball chönd nochesatze,
er mues sich diräkt a de Ohre chratze,
und er het sich vorgnoh, i der nöchschte Partie
do mües denn chli meh Unterhaltig si!
Er bringi denn sälber en Bolle mit,
dä tüeg er verteile under die Lüüt.
Denn heb wenigschtens jedi Mannschaft en eigne derbi
er glaubi, das chönnti *viel* luschtiger si,
und statt em Schimpfe und Vorwürf mache
hät me ganz sicher denn öppis zum Lache!
(Kleine Pause, da anderer Rhythmus)

Am gschiedschte wärs, vo mir us gseh,
s hät jede uf em Platz,
also die ganze Zueschauerschaar,
(der Hans au – und sin Schatz)
en eigne schöne chlyne Ball
wo-n-er dermit chönnt kike,
do wär gwüss alles i-verstande
und alls wür Bifall nicke!
Denn müesst e kein me Fläsche werfe
und kein müesst reklamiere;
und viellicht täte d Fuessballklüb
denn zmol no fascht rendiere!

Zum goldige Hochzit

Liebs goldigs Bruutpaar!

Ihr fyred s goldig Hochzit hüt,
füfzg Johr sind ihr jetz binenand,
füfzg langi Johr gönd ihr getreu
jetz mitenander Hand in Hand.

Es het gwüss sin bestimmte Grund
dass me däm s «Goldig» Hochzit seit,
und dass me – wenn me dervo redt
e gwüssni Ehrfurcht ine leit.

Wie s Gold mues gwäsche, glüütered si,
dass s glänzig wird und richtig rein,
so werde d Herze i der Eh'
au glüütered und goldig fein.

Füfzg Johr! Es isch e schlises Wort,
schliesst aber mängs Erlebnis i.
E mängi Freud – und Chummer gnueg
isch au für eu drinn-inne gsi.

Drum tüend jetz friedli, sorgelos
de Läbesobig gnüsse – nett –
sind glückli dass ihr binenand,
und hend eu lieb vo A bis Zett!

Und mir – mir wünsche recht viel Glück,
mängs Jöhrli no im Sunneschy,
e gueti Gsundheit, Frohsinn, Freud,
und Gottes Säge au derby!

Goldigs Hochzit

Mir fiere hüt es wichtigs Fescht,
drum hend mir gwüss en bsundre Grund,
dass do d Verwandtschaft insgesamt
in corporé hüt zäme chund.
D Grosseltere fiered mitenand
s füfzgjährig goldig Hochzitsfescht!
Do wünsch i Glück und Gsundheit eu,
nur s Allerschönst und s Allerbescht!
Füfzg langi, langi Johr hend ihr
was s Läbe bringt mitnander treit.
Hend zämeghebed – nid nur denn
wenns schön gsy isch – nei au im Leid!
Grad d a s isch das, was wertoll isch,
e treui Seel ir Chummerzyt,
wo eim, wenns nid wott fürsi goh
e Hand und neui Hoffning git!
Und immer wirds denn obsi goh,
es isch bi eu jo au so gsy,
nach Krankheit und no vielerlei
ischs wieder ufwärts gange gly.
Dernäbe hend ihr fröhlich gschafft
im liebe Hei, mit frohem Muet,
wie hättis anderst chöne sy
ihr meisteret das Läbe guet.
Hend d Kind erzoge wie sichs ghört,
zu brave Lüüt mit frohem Sinn,
und i däm allem liegt jo au
en ganz en bsundre Säge drinn.
Zum Dank für alles was ihr gschafft,
gib i eu härzli mini Hand,
als goldigi Bruut und Brütigam
wünsch i eu beide mitenand
für d Zuekunft alles alles Guets!
Viel Freud an Chind und Enkelchind,
und hoffe, dass die Johr wo chund
für eu voll Glück und Sunne sind!

Ihr fyred goldigs Hochzit hüt ...

Ihr fyred goldigs Hochzit hüt,
dä Alass chund mir gläge,
eu, liebe Tante, liebe Onggle
paar netti Wörtli z säge.

Es isch kei Sälbschtverschtändlichkeit
wenn zwei en Eh'stand gründet,
dass d Liebi denn au bständig isch
wo im Moment sie bindet.

Bi eu isch d Liebi ächt und wohr,
het all Stürm überduuret,
drum sind ihr munter und fidel,
kei bitzeli versuuret.

Ihr hend e fründlichs, suubers Hei,
und netti, liebi Chinde,
und das sind Wert wo s guete Glück
mit zarte Bande binde.

So bliebed witer froh und frei
und sueched d Sunnesyte!
I wünsch eu alles Guets derzue
für hüt und alli Zyte!

Hüt sind ihr Liebe 50 Johr binenand ...

Hüt sind ihr Liebe 50 Johr binenand,
s isch goldigs Hochzit und Fescht-Zyt im Land.
Do bin-i natürli vo Härze gärn cho,
mi Glückwunsch dä werdet Ihr sicher verstoh.

Ihr hend mitenander es härzigs «Dihei»,
hend prächtigi Chinder, sind nümme ellei;
sogar e paar Enkel hend ihr jetz scho,
und gsund sind ihr Beidi und glückli und froh.

Dass's lang no so bliebi, das isch jetz mi Bitt,
gäll, nähmed min Rotschlag als Wägwieser mit:
«Hend Sorg zu der Gsundheit, i möchti denn scho
i zäh Johre as Diamantig au cho!»

Und jetz will i richtig, so wien-i do stoh
min Onggle und s Tanti recht hoch lebe loh!
I wünsch Eu vo Härze nu s Schönschte und s Bescht,
und jetz no e fröhlichs, e ganz goldigs Fescht!

Diamanteni Hochzit

Sechzg Johr sind ihr jetz binenand,
das isch e ganz e sältes Fescht;
drum si mir au so zahlrych do
am «Diamantene» als Gäscht.

D Nachkommeschaft, das isch jo klar,
het sich i dere lange Zyt
vergrösseret – wills nid nur Chind,
nei, Enkel und Urenkel git.

Mir alli luege eu no hüt
als üses grosse Vorbild a,
will jedes vor Nachkommeschaft
vor eu cha grossi Achtig ha.

Ihr hend es Läbe lang eu gwehrt,
hend gschafft und sind zu öppis cho.
Und trotz em strenge Läbenslauf
sind ihr no immer gsund und froh.

Dass das so bliebt, no vieli Johr,
dass ihr so munter wie bishär,
das wünsche mir vo ganzem Härze,
mir hoffes alli zäme sehr.

Es fründlichs Glück im Obedfriede
das isch für eu mi grossi Bitt;
und jetz säg i vo ganzem Herze:
«I däm Sinn mache mir Prosit!»

Zum diamantige Hochzit

Liebi Eltere!

Ihr fiered s «Dyamantig» hüt,
das isch doch gwüss e grosses Fescht,
drum grüess i eu ufs herzlichschte
und grüesse alli liebe Gäscht.

Mit «sechzge» seit me s Dyamantig,
das isch e langi, langi Zyt.
Kei Wunder, das bi some Fescht
viel Freud und Ehrfurcht drinne lyt.

Der Dyamant das isch en Stei
wo rein und glänzig isch und hert;
und gnau die Eigeschafte sind
es Läbe lang beachtenswert.

Wie mängi Freud, wie mänge Chummer
passiert i dere lange Zyt,
do gits nid nume Honigschlecke,
do gits au öppe Dynamit!

Wie het me früehner müesse schaffe
nur dass me all Tag z läbe het,
und eifach het me gläbt – herrjegers,
do gits nid all Tag Feschtbankett.

Und trotzdem hend ihrs sechzg Johr gschaffed,
hend zämeghebed wie sichs ghört,
hend d Chind zu rächte Lüüt erzoge
und eu ar Arbeit nie empört.

Hüt aber isch gar vieles liechter,
me het jo au no d AHV,
das git zu allem was me gspaart het
en ganz solide Underbau.

Drum tüend die Batze jetz au bruuche,
und gönned eu rächt Schöns dervo,
das Geld isch eu – und nid de Erbe,
drum bruucheds au, und sind rächt froh!

De hütig Feschttag isch natürli
au gmacht dass ihr eu freue chönd,
und dass ihr gsehnd, dass d Jungmannschaft
eu richtig gärn e chli verwöhnt.

Mir Jung – und Alte wüsse alli,
was sinerzyt ir Chirche uss
am Traualtar isch bschlosse worde,
das isch no immer guet im Schuss!

Chund öppe au en Breschte füre,
so ghört das au zum älter sy,
doch d Hauptsach isch, dass s Härz no jung
und alles voller Harmonie.

Drum, liebi Eltere, wünsche alli
wo do so fröhli binenand,
für d Zuekunft alles, alles Gueti
i däm bewährte Ehestand.

Mir säge: «Mached nur so witer
und bliebed glückli, froh und gsund.
Mir hoffe d Obedsunne schyni
no lang i euerem Läbensbund!»

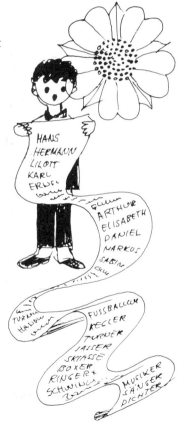

Füfzg Johr alt isch min Papi ...

Füfzg Johr alt isch min Papi
und doch no ase jung,
mit Füfzge isch me ebe
no regelrecht im Schwung.

Fescht schtoht er i der Arbet,
het Unternehmigsgeischt,
sogar bis nach Amerika
isch chürzli er verreist.

Min liebe, liebe Papi,
i gratulier ufs Bescht,
i wünsch dir Glück und Säge
zu dim Geburtstagsfescht.

Dä Blumechorb soll chünde
wie froh mir alli sind,
dass mir di hend – drum schenk i
dir no es Chüssli gschwind!

Em Grosspapi zum 60. Geburtstag

Martin: Grosspapi, zum Geburtstagsfescht,
wend mir dir gratuliere,
und dass du merksch, es sig üs ernscht,
so chöme mir grad z viere.

Mir wünsche dir Grosspapi hüt
ganz tüüf im Härzli inne,
dass du all's das was wertvoll isch
vom Läbe dörfisch gwinne.

Gottlob bisch du wohluf und gsund,
das isch no s Allerbeschte,
mir dörfe drum voll Dankbarkeit
hüt fröhlich zäme feschte.

Wie freue mir üs immer druf,
wenn mir gönd go spaziere,
und au wenn du im Auto üs
tuesch umenander füehre.

I bring dir no en guete Schluck
und säge luut: «Prosit!»
Gsundheit und Glück no vieli Johr
das isch für dy – mi Bitt!

Stefan: I schliess mi grad em Martin a
und wünsch dir Glück und Säge,
i tue do zum Geburtstagsfescht
au no es Gschenk biträge.

S het Tabak für i d Pfyfe drinn,
i hoff, er tüeg dir munde.
Wenns denn so blaui Wölkli git,
schenk er dir schöne Stunde.

Grosspapi gäll, mir gönd mitnand
bald wieder go spaziere,
mir brötle d Servelats am Füür,
das gfallt üs allne viere.

Monika: Und chere mir denn einisch y,
gits Sirup für die Chlyne.
Als Grosspapa – ihr liebe Lüüt
isch kein so guet wie myne.

Drum bring i do dä Bluemestruus
i tue mi nid schiniere,
und will dir zu dim «Sechzigschte»
ganz herzlich gratuliere!

Kathrin: I bi no chli und weiss nid viel,
drum stand i jetz ufs Bänkli,
i möcht dir grad es Küssli gäh,
und das isch denn m i s Gschänkli!

Martin: Zum Schluss Grosspapi wünsche mir
dir alles, alles Schöne
mir sind zu viert, und drum solls jetz
ganz luut und dütli töne:

Alle: Mir wünsche Gsundheit, Chraft und Glück
es fründlichs Sunnelache,
mir vier, mir wend dir allizyt
viel Freud im Läbe mache!

Em Götti zum 60. Geburtstag

Es het sin ganz bestimmte Grund,
das mir hüt binenander sind,
mir hend i üserer Mitti do
min Götti – es Geburtstagschind.

Er wird hüt sechzgi! –Dänked au,
so öppis mues me fiere,
und s isch bimeid en rächte Grund
zum cho go gratuliere.

Das tuen-i au us Härzensgrund!
I wünsche ganz express,
dass du zuekünftig dich chli schonsch
und hüetisch vor em Stress.

Mach lieber wieder e schöni Reis,
en Langlauf uf de Schy,
das haltet s Härz und d Gsundheit fit
mit aller Garantie.

Derzue bring i do es feins Tröpfli,
trink das ganz wohlgemueth,
wenn einisch öppis harze sött
so tuet das sicher guet!

I wünsche Gsundheit, Freud und Glück,
viel helle Sunneschy
im Fründes- und Familiekreis,
i wünsche s Bescht für di!

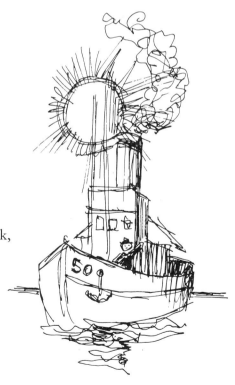

Em Grosspapi zum 65. Geburtstag und zur Pensionierig

Kathrin: I freu mi
Monika: I freu mi
Stefan: I freu mi ganz fescht
Martin: Mir freue üs alli
am hütige Fescht!

Kathrin: Jetz wird de Grosspapi
denn pensioniert,
mir chöne usrechne
wie schön das jetz wird.

Monika: Jetz het er denn viel Zyt
und alli Tag frei,
jetz nimmt er s denn gmüetli
s git kei Hetzerei!

Stefan: Es isch doch bir Arbeit
afangs kompliziert,
dört gohts jetz per Fliessband,
s wird ganz raffiniert.
Grosspapi gottlob chasch
du s hinder dir loh,
und mit em Grossmammi
go sünnele goh!

Martin: Zerscht gönd ihr mitnander
e bitzeli furt,
als A-passigskur
und als Übergangs-Spurt.

Stefan: Wenn ihr aber zrugg sind,
Grosspapi, gäll, s gilt,
denn wird wieder öppe
e Servelat grillt?

Monika: Und s Käfeli trinksch du
denn öppe bi üs,
s git denn ganz e bsunders,
e feins, und recht süess.

Martin: Im Cheller wird baschtlet
i freue mi scho,
gäll, do darf i öppe
go mitmache cho?
Und hend mir denn schuelfrei,
so wärs doch ganz nett
wenn ihr mit üs Chinde
als härzigs Sextett
emol über Land gönd,
per pedes und froh,
Grosspapi darfschs glaube
mir freue üs scho!

Stefan: Doch jetze vor allem,
mir hend das studiert,
jetz wird zum Geburtstag
ganz fescht gratuliert.

Alle: Mir wünsche dir s Beschte
Freud, Gsundheit und Glück,
vom Läbe und Frohsinn
e ganz grosses Stück.
Dass du und s Grossmammi
s rächt schön hend mitnand,
und do üses Gschenkli,
e chli Proviant!

Familietagig zu Grossmuetters 60. Geburtstag

Sind rächt schön willkomme, ihr liebe Verwandte,
Grossmuetter, Grossvater, Onggle und Tante.
Und au ihr alli, wo dur Hürot und so
i üseri liebi Verwandtschaft sind cho.
Vo mängem Ort sind mir zäme cho hüt,
um mitenand z fiere, ihr liebe Lüt!
En Familietag mit eme bsundere Grund,
en Grund wo nur einisch im Läbe vorchund.

D Grossmuetter wird nämli siebzgi das Johr,
derbi het sie chum e paar wyssi Hoor.
Und de Grossvater het sogar füf Jöhrli meh,
doch cha-me au ihm das no gar nid a-gseh!

Ihr gsehnd, der Alass isch würkli gäh
um zäme-z-cho und enander z gseh.
Um de Grosseltere z danke – i stelle mir vor,
wie viel sie hend gchaffed i all dene Johr.
Und sicher hend sie au Sorge und Leid
und Chummer und Krankheit im Läbe treit.
Bin i au no chly – so viel weiss i scho,
dass s Läbe nid nur us der Freud tuet bestoh.

zu den Grosseltern gewendet:
Drum möchte mir für alls, was ihr gschafft hend im Läbe
vo Herze hüt ufrichtig «Danke schön» säge.
Und mir wünsched liebs Grosselterepaar für dy
dass no lang zu darfsch gsund und glückli sy.
Dass d Obigsunne dir fründli lacht,
und dass d Enkelschar dir viel Freude macht!

Grad siebezgi isch d Oma hüt ...

Grad siebezgi isch d Oma hüt
und mir sind alli froh,
dass mir – die ganz Familie –
dörfe as Feschtli cho.

Jo – d Oma isch üs allne lieb,
sie isch halt richtig guet!
I chönnt gar viel verzelle do
was sie für üs alls tuet.

Mis Mammi und de Papi sind,
wenn sie am Obig no
hend müesse mitenander furt
denn ebe richtig froh,

dass d Oma luegt für ihri Chind.
Mir sind geborge gsi
i gsunde und i chranke Tag
fehlt üsi Oma nie.

Sit denn wo mir gebore sind,
stoht treu sie allne by,
und alli hoffed mir ganz fescht,
das dörf no lang so sy.

Au wenn mir bald jetz grösser sind,
d' Oma, die müend mir ha,
und drum henk i a mini Wort
en grosse Wunsch jetz a:

«Gäll Oma, blieb üs gsund und jung
trotz dine siebezg Johr,
heb Sorg zu dir – mir wünsche s' Bescht,
und bhalt de guet Humor!»

Es Mitglied vom Jassklub wird achtzgi

Wie hend mir alli zäme Spass
a üsem frohe Mäntigs-Jass!
Und alli simmer intressiert,
will alles möglichi passiert.
Bald gits vier Buure oder «Hundert»,
En «Matsch», do isch me denn verwundert.
Au «Hindersi» ischs scho passiert,
was witers üs gar nid schiniert.
Mir sind e chlyni, frohi Rundi,
drum freue mir üs scho am «Sondy»
am Mäntig wieder zäme z cho
im Schwane hinde oder so!

Jetz het i üsem chlyne Kreis
eis der Geburtstag – wie me weiss,
no grad der Achzigscht – au wie fein,
do stelle mir üs richtig «ein»,
und wünsche däm Geburtstagschind
dass die vier Buure gnädig sind,
sich öppe einisch zäme gselle
und bim Geburtstagschind i-stelle.
Mir wünsche witers Freud und Spass,
no mänge frohe, schöne Jass!
Au sonscht im Läbe s Schönscht und s Bescht
und rächt e froh's Geburtstagsfescht!

Zu Grossvaters 80. Geburtstag

Grossvater, d Muetter het mir gseit,
du tüegsch Geburtstag fyre.
Drum bin-i jetz do here cho,
i möcht cho gratuliere.

Und witer het mir s Mueti gseit,
dass du hüt achzgi bisch
und dass das scho en bsundere Grund
zum Fyre für üs isch.

Denn het mir s Mueti no verzellt
vo Zyte wo verby,
und dass du ihre immer sigsch
en guete Vater gsy.

Sie seit, dass alli dini Chind
erzoge hebsch zum Guete,
derzue mit Liebi und Geduld
und sälte mit der Ruete.

Igstande sigsch für das was rächt,
verteidiget hebsch was guet.
E feschti Meinig hebisch gha,
nid gwechsled wie en Huet.

Du hebisch gluegt zu diner Sach,
hebsch gschafft dis Läbe lang,
und di au kümmered um das
was i der Wält uss gang.

«Bueb», het mi Muetter witer gseit,
«wirdsch du emol e so,
en Maa wie der Grossvater isch,
das miech mi würkli froh.»

A ihrem Wunsch a merke-n-i
wie lieb du allne bisch,
drum will i rächti Müeh mir gäh,
so z'werde wie du bisch.

Zum Schluss Grossvater wünsche-n-i
am hütige Tag für dy,
viel Glück und Säge und mängs Johr
no helle Sunneschy!

Der Omi zum 80. Geburtstag

Es het sin ganz bestimmte Grund
dass mir hüt binenander sind,
mir hend i üsrer Mitti do
mi Omi – es Geburtstagschind.

Mir alli tüend mit ihre zäme
der «Achtzigscht» hüte fiere,
das isch bimeid en guete Grund
zum cho go gratuliere.

Es isch kei Sälbschtverschtändlichkeit
dass eis dä Tag erlebe tuet,
mi Omi aber, sie hets gschafft
und het no immer guete Muet.

Mit achtzge het me früehner gmeint
me ghöri scho zum alte Yse;
dass das jetz würkli anderscht isch,
tüend d Seniore hüt bewyse.

Sie nehmed sich no vieles vor,
erstuunlichs ghört me brichte.
Sie chöne dank der AHV
sich s Läbe ebe schön i-richte.

Drum liebi Omi wünsch i Dir
vo Härze Glück und s Allerbeschte
und jetz wend mir vo Härzensgrund
no richtig schön mitnander feschte!

Für die Chlinschte: *I wünsch zum Geburtstag ...*

I wünsch zum Geburtstag
Grossmammi für dy
Glück, Gesundheit und Säge
und viel Sunneschy!
*
I bi e schlyses Meiteli
e chlyni liebi Muus,
i möcht dir gärn es Küssli gäh
und do dä Bluemestruus!
*
Wenn i au no kein Grosse bi,
en Glückwunsch han-i doch für di.
Blieb gsund und loss dirs ganz guet goh,
denn si mir alli zäme froh!

Is Gäschtebuech

Wie mache mir doch immer gärn
es Bsüechli bi Eu zwei,
und chöme chli cho plaudere
zu Eu is neue Hei.
Es freut üs ebe würkli fescht
wenn mir eu dörfe gseh,
und hoffe scho vo morn ewäg
uf s nöchschte Wiederseh!

Em Pape zum 85. Geburtstag

Am Donnstig vor 85 Johr,
het z Altstette im Rhytal obe
es Büebli s Licht vo der Wält erblickt,
die Tatsach wemmer lobe.

(Het z Balstal im Jura hinde
es Büebli s Licht vo der Wält erblickt
mir tüend es Chränzli winde!)

Das Büebli isch de Papa gsy,
drum tüend mir hüt au fyre,
mit füfenachzge – dänked au
do ghört sich s gratuliere.
De Pape het i siner Juged,
s isch denn so üblich gsy –
viel schaffe müesse – o herrjemers
ganz fescht – scho ase chly!

De Pape isch rächt flissig gsy,
er macht si Arbet guet;
zwüschine mues er denn in Dienscht
als schneidige Rekrut.
Bald drüber abe het er sich
en nette Schatz zuegleit
und het üsi Familie gründet
wie s öppe halt so geit.

Mir sind schints rächti Luuser gsy,
und Schueh hets bruucht! Herrjeh!
De Vater het üs öppedie
drum au en Rüffel gäh.
Doch het me üs ganz wacker gluegt,
do gits nüt z rüttle dra
drum sind au alli grote denn,
und jedes stellt sin Maa.

Hüt gnüsst de Pape d AHV
und sini Pension,
das chan er jetz ganz fröhli tue,
do gits kei Rezession!

Er isch jetz au im Gango-Club
tuet gärn der Mamme poschte.
Das isch ganz guet und haltet jung,
er tuet denn nid i-roschte.

Gäll Pape, i der Zuekunft jetz
do schonsch di doch e-chli
dass du rächt lang – jo no rächt lang
darfsch bi üs allne sy.
Drum wit über de hütig Tag
wünsch i dir Pape no
dass du e gueti Gsundheit hesch
dass es dir guet soll goh!

Zum 90. Geburtstag

Min Urgrossvater – liebi Lüüt
wird ganz genau nünzg Johr alt hüt,
drum will i gärn cho gratuliere
und mit em Urgrossvater fiere.

Die ganz Familie isch binand
und das isch würkli allerhand,
denn mängs het wit här müesse reise
und das will sicher öppis heisse.

Es het sichs ebe keis loh näh
em Urgrossvater d Ehr hüt z gäh,
ihm z zeige, dass er lieb und wert,
und dass e jedes ihn verehrt.

Au i min Liebe wünsche s Bescht
zum seltene Geburtstagsfescht.
I bringe do es Tröpfli mit
wo witers Chraft und Usduur git.

Derzue wünsch i für s neu Johrzehnt
Dir Gsundheit voll und ganz,
und witerhi nur Freud und Glück
im Obedsunne-Glanz!

De Gaschtgeber en Dank

Liebi Gaschtgeberlüüt!

Es isch härzig und nett
dass me üs zu däm Fescht do (zu der Party)
au i-glade het.
Uesi Gaschtgeberfrou
het sich a-gstrengt, und wie,
sie isch durch i der Praxis
und ir Theorie!
Drum bringe mir do
mit rächtem Gnuss
au mit härzlichem Dank
en süesse Gruess.

Und der Gaschtgeber, wo üs
eso härzlich empfange,
weiss sicher, was er
mit däm Gschänk cha a-fange!
(Schenkt gute Flasche)

Von Emmy Grawehr-Fankhauser
sind bisher im gleichen Verlag erschienen:

Tautropfen Gedichte

Unterm Regenbogen Gedichte

Band 2
Emmy Grawehr
Hüt isch Hochzit
4. Auflage
64 Seiten. 18×19 cm.
Mit fröhlichen
Zeichnungen illustriert.
Verse, Gedichte,
Couplets und
Ansprachen in Mundart
für Kinder und
Erwachsene.

Band 3
Emmy Grawehr
Hüt isch Altersnomittag
60 Seiten. 18×19 cm.
Mit lustigen
Tuschzeichnungen.
Verse, Gedichte,
Couplets
in Mundart
für die
Gestaltung von
Altersnachmittagen.